以信而行
믿음의 길

# 以信而行
## 믿음의 길

柳仁之默想汉诗集
류인의 묵상 한시집

소울앤북

## 시집을 내면서

　40년 직장 생활을 그만두니 이제는 와서 일하라는 곳도 없고 스스로 새로운 사업을 찾으려니 재주가 시원찮았다. 흔히 이야기하는 인생 제2막이 내려지는 것 같았다. 정말 열심히 일했고 이룬 것도 많았는데 제대로 인정받지 못했다는 아쉬움이 들다가도 내 주변머리에 여기까지 오게 된 것도 정말 다행이라는 안도감이 들기도 하면서 생각이 오락가락 여러 갈래로 갈라지곤 했다.
　직장 다닐 때보다 상대적으로 시간적 여유는 많은데 수십 년 새벽에 일어나던 습관은 그대로 남아 있어 부활절을 계기로 새벽기도에 다니기 시작하였다. 지금 사는 아파트가 지은 지 40년을 넘어, 사는 것은 불편하지만 나무가 울창하여 새벽마다 교회 오가는 길이 숲속을 산책하는 기분을 준다. 새벽 청량한 공기를 마시며 집으로 돌아오는 길에 그날의 말씀을 중문(中文)으로 요약해 보는 것을 되풀이하다 보니 차츰 그동안의 살아온 길을 정리하는 계기가 되었다.
　삼성전자 중국 쑤저우 공장에서 근무하다 귀국한 뒤 10여 년 틈틈이 당시, 송사, 원곡 약 1,000수를 번역하여 출간하였다. 그래서인지 중문으로 먼저 글을 쓰고 다시 우리말로 번역하며 다듬는 것이 오히려 익숙하다. 서당 개 삼 년에 풍월을 읊는다는 옛말 그대로인 셈이다.

대부분 오언(五言)과 칠언(七言) 형식의 한시를 흉내 내었으나 절구(節句)나 율시(律詩) 또는 고체시(古體詩)의 운율과 형식은 전혀 염두에 두지 않고 자유롭게 생각나는 대로 써보았다. 옛 시의 형식을 빌린 자유시로 봐주면 좋겠다.

한자는 중국에서 통용되는 간체자를 사용하였다. 요즘은 중국과의 교류가 급증하면서 간체자가 익숙한 분들이 많고 또 젊은 세대는 중국어를 공부하면서 간체자를 익히기 때문에 대중성을 감안하여 결정하였다.

시집을 발표하는 것이 가당찮은 일이나 시를 공유하였던 지인들의 격려로 용기를 내기로 하였다.

매일 최선을 다해 영성 깊은 말씀을 준비해 주시는 이동성 목사께 감사드린다. 예사롭지 않은 한마디 한마디가 영감의 원천이 되었음을 밝혀 둔다. 무엇보다 화목한 가정을 지키며 묵묵히 부족한 남편을 지원해 준 아내의 사랑이 고맙다. 기도할 때마다 나에게 주신 가장 큰 응답임을 고백하게 된다. 또한 이 책의 출간을 도와주신 소울앤북 출판사와 모든 분께 감사드린다.

2025년 10월, 류인

## 차례

시집을 내면서 · 05

### 1부 慚愧, 找新道(참회, 새 길을 찾으며)

日用之粮(일용할 양식) · 12
缺乏感(결핍감) · 13
感谢之条件(감사의 조건) · 14
幸福之源泉(행복의 원천) · 16
凡事为主(모든 일을 주께 하듯) · 18
取舍选择(취사선택) · 19
入神于何处(어디에 마음을 뺏기고 있는가) · 20
拿细耳人(나실인) · 22
不叫遇试探(시험에 들게 마옵시며) · 23
对自以为站(스스로 섰다 하는 이들에게) · 24
忍久(오래 참음) · 25
吊韩兄(한 형을 애도하며) · 26
洗足(발 씻김) · 27
真喜乐(참 기쁨) · 28
哥林多教会(고린도 교회) · 29
和好之职责(화목의 직책) · 30
倒空部分(우리가 비운 만큼) · 31
你神就是我神(당신의 하나님이 나의 하나님) · 32
再于摩押平地(다시 모압 평지에서) · 34
顺从(순종) · 35

## 2부 耶穌所走的道(예수께서 걸으신 길)

看见怜悯(보고 불쌍히 여기시더라) · 38

主爱之方式(주님이 사랑하는 방식) · 39

弟汤子(동생 탕자) · 40

兄汤子(형 탕자) · 41

信之目, 约之言(믿음의 눈 약속의 말씀) · 42

旷野之铜蛇(광야의 놋 뱀) · 44

真理之路(진리의 길) · 46

回复教会(교회의 회복) · 47

我身我血(내 몸이요 피이니) · 48

银三十之代价(은 삼십의 대가) · 49

认识儿子, 长大成人, 满主身量(아들을 알아 온전하게 이루어 그리스도의 분량이 충만하기까지) · 50

克西马尼(겟세마네) · 51

苦难之意味(고난의 의미) · 52

为谁架死(십자가의 죽음, 누구를 위함인가) · 53

选择伴结果(선택에는 결과가 따른다) · 54

毁隔断的墙(막힌 담을 허무시다) · 56

虚守(헛되이 지키네) · 58

三日清晨(셋째 날 이른 아침) · 59

所望之实底, 未见之确据(바라는 것들의 실상이요 보지 못하는 것들의 증거라) · 60

创造天地(천지를 창조하시니라) · 62

## 3부 历史与摄理(역사와 섭리)

### 3부의 1 亚哈之暗影(아합의 어두운 그림자)

摄理之进行(섭리의 진행) · 66

亚哈之道, 俄巴底亚之道(아합의 길, 오바댜의 길) · 68

灾之真因(괴로움의 참 원인) · 69

起问题者, 当苦痛者(문제를 일으키는 자, 고통을 당하는 자) · 70

最后机会, 最后选择(마지막 기회 마지막 선택) · 71

无资质王(비전 없는 지도자) · 72

亲自率领(네가 이끌어라) · 74

累败忘训(돌이킴 없이 반복하는 잘못) · 76

倾国之色(경국지색) · 78

慌乱状况(당황스러운 상황) · 80

假凌侮真(거짓이 참을 능멸할 때) · 82

真理之分别(진리를 분별하려면) · 84

灵的分别力(영적 분별력) · 86

上帝之钟表(하나님의 시계) · 87

亚哈之暗影其一(아합의 어두운 그림자 제일수) · 88

亚哈之暗影其二(아합의 어두운 그림자 제이수) · 89

亚哈之暗影其三(아합의 어두운 그림자 제삼수) · 90

近朱近墨(주사를 가까이하는 자, 먹을 가까이하는 자) · 92

岂因国中没神(나라에 하나님이 없기 때문이냐) · 94

救赎之历史(구속의 역사) · 96

## 3부의 2 善王, 恶王(좋은 왕, 나쁜 왕)

若不看约沙法之面其一(여호사밧의 얼굴을 봄이 아니면 제일수) · 100
若不看约沙法之面其二(여호사밧의 얼굴을 봄이 아니면 제이수) · 102
预言的成就(예언의 성취) · 103
怨天尤人(남 탓, 뒤집어씌우기) · 104
耶和华之用具(여호와의 도구) · 106
基督人之完全(완전한 그리스도인이 되는 길) · 108
审判之用具(심판의 도구) · 110
金牛犊之诱惑(금송아지의 유혹) · 112
不顾昔恶之耶和华(지난 잘못을 따지지 않으시는 하나님) · 113
正统性之恢复(정통성의 회복) · 114
教会之做成(교회를 이루는 길) · 116
守道至终(끝까지 지켜야 할 길) · 118
主之审判(하나님의 심판) · 120
破局之开始(파국의 시작) · 122
何必埃及吗(하필 애굽인가) · 124
审判之标徵(심판의 징표) · 126
求一兆头(한 징조를 구하라) · 128
以为站时, 须要谨慎(섰다고 생각할 때 조심하라) · 130
常求充满(항상 충만함을 구하여야 함은) · 132
拉吉无用(라기스도 소용없었네) · 134

## 4부 以信而行-以利亚与以利沙之生(믿음으로 사는 길-엘리야, 엘리사의 삶)

以信言行(믿음으로 말하고 행동하면) · 136

试炼之连续(시련의 연속) · 137

到头了吗(망해 버렸는가) · 138

真实之祈祷(진실한 기도) · 139

在此何为(여기서 무엇 하고 있느냐) · 140

独面神(홀로 하나님을 만나는 시간) · 142

十二对牛(열두 겨릿소) · 143

所求难得(어려운 일을 구하는도다) · 144

须听女仆(계집종의 말을 따라야 하다) · 146

一把盐(한 움큼의 소금) · 147

器皿都满了(그릇에 다 찬지라) · 148

书念之妇人其一(수넴 여인 제일수) · 150

书念之妇人其二(수넴 여인 제이수) · 152

书念之妇人其三(수넴 여인 제삼수) · 154

野瓜(들 호박) · 155

借来的斧子(빌려온 도끼) · 156

使能看见(볼 수 있게 하소서) · 157

主爱我的理由(주께서 나를 사랑하신 이유) · 158

正好时(마침 그때) · 160

以色列之战车马兵阿(이스라엘의 병거와 마병이여) · 162

1부

慚愧, 找新道
참회, 새 길을 찾으며

日用之粮

朝露暮鹑四十年，每日无缺赐绵延。
口求日粮贪多美，生虫臭烂思其因。


일용할 양식

아침 만나 저녁 메추라기 사십 년
하루도 부족한 날이 없었거늘
입으로는 일용할 양식이나 더 좋은 것 더 많은 것을 구하니
벌레 먹고 냄새난 것이 무엇 때문인지 기억하라

## 缺乏感

万物丰盛而盈溢，难忍心乏因央果。
天天吗哪虽饱足，无肉怨声上达天。
家业小康亦有居，心苦只因所欠物。
耶稣禁食四旬饿，饼之诱惑毅然拒。



## 결핍감

모든 것이 풍성하게 차고 넘쳤음에도
동산 중앙의 열매 때문에 결핍감을 이기지 못하였네
매일 만나를 배부르게 먹었건만
고기가 없어 불만이 하늘을 찔렀네

먹고 살 만하고 집 한 채 있음에도
내게 없는 것으로 마음이 힘들구나

예수께서는 사십 일을 금식하여 주리시고
떡의 유혹을 물리치셨거늘

## 感谢之条件

旷野四十年, 炼人以饥饿, 天降吗哪食。
流离四十年, 险途何以生, 衣不曾穿破, 脚不肿未疼。
回顾旧岁月, 苦难皆神图, 恩惠含神意。
追想上古日, 思念历代年, 莫记己施微, 莫忘主赐洪。


## 감사의 조건

광야 생활 사십 년
굶주림으로 연단하시며
만나를 내려 먹게 하셨고
정처 없는 떠돌이 사십 년
그 길을 어떻게 가나 했는데
옷이 해어지지 않고
발도 부르트지 않았네

지난 세월 돌이켜보면
고난 가운데 계획하심이 있었고
은혜 주실 때도 뜻하신 바가 있었네

옛날을 기억하고
역대의 연대를 생각하여
내가 적게 준 것만 기억지 말고
내게 넘치게 주신 것을 잊지 말지라

## 幸福之源泉

大卫躲避扫罗,逃到迦特王亚吉,亚吉之臣仆识破其身份,大卫假装疯癫以自保。大卫登基后贪恋拔示巴,设计使乌利亚死于战场。大卫子押沙龙发动叛乱,谋夺王位,终被约押击杀。

被逐装狂渡死谷,天之众星为罗被,野之万声作慰言。
登基卧殿享美馔,情欲难制掠臣妻,父子骨肉起争斗。
于主居所住一日,胜于极乐住千日,平生奔逐似捕风。


## 행복의 원천

다윗이 사울에게 쫓겨 가드 왕 아기스에게 도망하였을 때 신하들이 알아보자 미친 척하여 위기를 모면하였다. 다윗이 왕이 된 뒤 밧세바를 빼앗기 위해 우리야를 싸움터에서 죽게 했고, 그의 아들 압살롬은 찬탈을 위해 반란을 일으켰다가 요압의 손에 죽임을 당하였다.

쫓기고 미친 척하며 사망의 골짜기를 지날 때는

하늘의 뭇 별이 부드러운 이불처럼 덮어주고
들판의 온갖 소리가 위로의 속삭임이었는데
왕좌에 올라 궁전에서 자며 진수성찬을 먹을 때는
욕정을 못 이겨 부하에게서 아내를 빼앗고
부자지간이 적이 되어 골육상쟁을 벌여야 했네

주의 장막에서의 하루가
세상 그 어디에서의 천 날보다 낫거늘
평생 무엇을 쫓아다녔는가, 바람을 잡으려는 것이었네

凡事为主

马上结束今职场, 虽依合同犹觉亏。
先司后私未肯定, 尽力成就获甚少。
资本本性极冷酷, 旷野四十结果空。
迦南前途犹漫长, 凡事为主做忠诚。


모든 일을 주께 하듯

조만간 지금 직장을 그만두게 된다
서로 계약 관계지만 손해 보는 기분 어쩔 수 없다
회사 먼저 생각하고 내 일 뒤로 여겼으나 인정받기 어렵고
힘을 다하여 업적 이루었으나 나에게 돌아오는 것 많지 않다
자본의 생리는 지극히 냉혹하여
광야에서의 사십 년 허망하구나
가나안으로 가는 길 아직도 많이 남았으니
모든 일을 주께 하듯 하며 충성하리라

取舍选择

太初人逆创造主，眼悦心倾从蛇言。
选民硬颈弃圣约，为己铸成万偶像。
深藏心里何原罪？
侧耳偏听悦己言，天天为己裁割经。



**취사선택**

태초에 사람은 창조주를 거역하고
보기 좋고 마음 끌리는 대로 뱀의 말을 따랐네
선택된 백성은 목을 곧게 하여 하나님과의 언약을 버리고
자기를 위하여 온갖 우상을 만들었네

마음속에 숨어 있는 원죄는 무엇인가

내가 듣고 싶은 것에만 귀 기울이며
날마다 자기를 위하여 말씀을 고르는 것

## 入神于何处

车马军兵围困城，一人惶惧不知措，一人看见火车马。
彼得望主行水上，见风大起便下沉，
雅各躲兄向哈兰，枕石梦见天梯通，
拉撒路死而入墓，耶稣言此友仅睡。
眼睛就是身之灯，人仅能见其倾处，灵事须凭圣灵明。


## 어디에 마음을 뺏기고 있는가

말과 군사가 성을 둘러싸자
한 사람은 어쩔 줄 몰라 마음이 무너지고
한 사람은 함께 하는 불말과 불병거를 보았네

베드로가 주님을 보고 물 위를 걸었으나
심한 바람을 보고는 빠지기 시작했네
야곱은 형을 피해 하란으로 가던 중
돌베개를 베고 하늘 사다리를 보았고
나사로가 죽어 무덤에 묻혔을 때
예수께서는 친구가 잠들었다 하셨네

눈은 몸의 등불이라
사람은 자기 마음이 뺏긴 곳만 보게 마련이니
영적인 일은 영적인 것으로 분별해야 하리

## 拿细耳人

拿细耳乃归主之人，誓守圣洁，戒诸不洁之物。然参孙恣意享乐，近妓杀戮，行所禁，致主之灵离开。

自母胎为拿细耳，万事任性从肉情。
剃发失力觉神离，圣灵内住为神人。


## 나실인

나실인은 주께 드려진 사람으로 성결함을 지키며 부정한 것을 가까이하면 안되었으나, 삼손은 임의로 먹고 마시며 쾌락을 위하여 계집질하고 살인을 일삼고 금지된 일을 거리낌 없이 저질러 마침내 하나님의 영이 떠나게 되었다.

나실인으로 잉태되고 태어났으나
만사 제멋대로 육체의 정욕을 따라 살다가
머리 깎이고 힘을 잃고 나서야 하나님 떠나셨음을 깨달았으니
속 사람 안에 성령이 계셔야 하나님의 사람인 줄 몰랐었더냐

不叫遇试探

造美天地何必蛇，完美世界亦容恶。
伊甸何设善恶树，受诱惑遂不顺从。
心喜主法被罪掳，愈恼愈迷真苦人。
滚在红尘当如何？顺道祈祷免遇试。



## 시험에 들게 마옵시며

아름다운 천지를 창조하실 때 뱀은 왜 만드셔서
선한 세상에 악이 같이 존재하게 하셨을까
에덴동산에 왜 선악과는 두시어
유혹에 빠지고 불순종하는 일이 있게 하셨을까
주의 법을 따르려는데 죄의 법에 사로잡히게 되니
나는 곤고한 사람, 고민할수록 더 알 수 없네
티끌세상에서 부딪치고 살면서 해야 할 일은
말씀에 순종하며 시험에 들지 않게 기도하는 것

对自以为站

吃果能知善恶乎？偏持自义至争杀。
自以为站须谨慎，任意而行主不悦。


## 스스로 섰다 하는 이들에게

금단의 열매 먹은 뒤 선악을 알게 되었던가
모두 자신이 정의라 주장하며 죽일 듯이 싸우는구나
스스로 섰다 할 때 넘어질까 조심하리니
자기 보기에 옳은 대로 행하였으나 하나님 보시기에 악하였음이라

忍久

　约伯极困于深苦，叹曰：愿我生日灭没，神不眷顾、亦不垂察。扫罗率三千精兵寻大卫，入洞解手，何必大卫正藏其中。

　丧气咒生仍望中，洞里复机只断襟。
　忍早晚雨等秋收，屈辱试炼为获备。


## 오래 참음

　욥은 극심한 고난에 둘러싸여 "나의 태어난 날이 멸망하고 하나님이 돌아보아 헤아리지 아니하였더라면" 한탄하였고, 사울은 삼천 군사를 거느리고 다윗을 쫓다 하필 다윗 일행이 숨어 있는 동굴에 일을 보러 들어갔다.

　낙망 좌절하고 태어남을 저주도 했지만 소망 중에 기다렸네
　동굴에서 복수의 기회, 단지 옷깃만 잘랐을 뿐
　농부들은 추수를 바라고 이른 비 늦은 비를 참으니
　지금 억울함과 시련, 수확의 준비로 삼아야 하리

吊韩兄

初闻会讯忽传哀，生死原来咫尺间。
强体难胜愁与酒，雄心未展甚堪悲。
后人应承其遗志，故人安息天之涯。
人应知足感所赐，谁料今宵主召魂。



한 형(韩兄)을 애도하며

며칠 전 주총 소식 들었거늘 연이어 유명을 달리하니
이 세상과 저세상이 이토록 가까운가
건강해도 스트레스 술에 장사 없구나
아직 펼치지 못한 능력과 포부 안타깝다
뒷사람들이 남은 과제 반드시 이루리니
고인은 하늘에서 평안을 누리시라

사람들아 주어진 것에 만족하고 감사해야 하리니
오늘 밤 주께서 네 영혼을 부르실지 누가 아느냐

洗足

自话长篇, 旁人短篇, 我遭事愤, 不顾他人。
何受大恕, 难施微恩? 先受洗足, 当然相洗。



## 발 씻김

자기 이야기는 장편소설
다른 사람은 단편소설
내가 당한 일은 원통하나
남의 것은 상관없네

큰 용서를 얻었는데
작은 것 베풂이 어렵구나
먼저 발 씻김을 받았으니
서로 씻어 줌이 마땅하리

### 真喜乐

橘绿本性来,岂伊地气暖?
好树生良果,坏树结恶果。
世情多烦恼,主内喜不禁。
岔路选窄门,愿存善影响。


### 참 기쁨

귤나무가 푸르름은 원래 본성이며
땅의 온난함 때문이 아니라고 하였던가
좋은 나무는 좋은 열매를 맺고
나쁜 나무는 나쁜 열매를 맺는 법

세상 정욕은 많은 번민을 낳으나
주 안에서의 기쁨은 금지할 자가 없도다
갈림길에서 좁은 문을 선택하여
선한 영향력을 남기길 원하네

## 哥林多教会

天语方言又预力,相争分裂至消尽。
识多救济信移山,无爱无益惟遗痕。
进步保守何所归,文明时代常战鼓。
人性本质不一样,认定异同却相爱,若没有爱就无有。



## 고린도 교회

천사의 말과 사람의 방언, 예언하는 능력이 있었으나
서로 싸우고 나누어지더니 사라져 없어졌네
지식도 많고 구제도 하며 믿음은 산을 옮길 만하였는데
사랑 없으니 아무 유익이 없어 그저 흔적만 남았네

진보는 무엇이고 보수는 무엇인가
문명의 시대에도 들리는 것은 전쟁의 소식뿐

서로 다름은 인간성의 본질적 특성이라
다름을 인정하고 사랑할지니
사랑 없으면 아무것도 아니라

和好之职责

休战谈中继续斗, 弹劾岂能息纠葛?
教会家庭不合一, 分手分裂如仇寇。
虽口称是愿平和, 实际寻找常争斗。
顺肉结局必如此, 怀耶稣心肩和职。



화목의 직책

휴전 협상 중에도 전투는 계속되는구나
탄핵 심판이 갈등을 멈추게 할까
교회도 가정도 하나 되지 못하고
갈라서고 분열하여 남보다 못하게 되네
누구나 평화를 원한다고 하지만
실제로는 언제나 싸울 일만 찾으니
육신을 따른 결과는 원래 이렇게 되지
오직 예수의 심장으로 화목의 직책 감당해야 하리

倒空部分

为孩教育不惜尽, 世间最微幸福感。
成良父母殷勤志, 反成重担压子生。
放下欲心谢今实, 各自人生交托己。
养鸟妆花耶和华, 倒空之处主充溢。



## 우리가 비운 만큼

아이들 교육이라면 아끼는 것 없이 쏟아붓지만
느끼는 행복감은 세계에서도 밑바닥이라
좋은 부모가 되려는 모든 노력이
무거운 짐이 되어 자녀의 삶을 내리누르는 꼴이다
욕심을 내려놓고 지금의 모습에 감사하며
각자의 인생은 자신에게 맡기도록 할지니
공중 새 먹이시고 들의 꽃 입히시는 하나님이
우리가 비운 만큼 채워서 넘치게 하시리라

你神就是我神

儿子之望尽, 身无一分文,
摩押与犹大, 不和似吴越, 路得前敌情。
不顾左右之, 抓住只一事; 公婆之神也, 就为自己神。
天国寻好珠, 遇贵卖一切。


당신의 하나님이 나의 하나님

아들을 얻을 희망은 끊어지고
완전 무일푼으로 전락한 상태에서
모압과 유대는
오월(吳越)과 같이 사이가 나빠
룻 앞에 기다리는 것은 적대감뿐이었네

좌우 돌아보지 않고
오직 하나만 붙들었으니
시어머니의 하나님이
곧 나의 하나님

천국은 좋은 진주를 찾는 것이라
값진 것을 보고 모든 가진 것을 팔아 치움이라

再于摩押平地

时隔卅年又河东，虽地丰美不易得。
古今同言主督促，莫惧莫疑往彼地。
未至之处难免惧，待望忍耐行前路，主先为你备居所。


다시 모압 평지에서

사십 년 만에 다시 요단강 동쪽에 서니
땅은 풍성하고 아름다우나 취하기는 어렵구나
그때나 지금이나 같은 말씀으로 재촉하시어
두려워 말고 주저하지 말고 올라가 차지하라

가보지 않은 곳, 두려울 수밖에 없으나
소망 가운데 인내하며 네 앞 길을 갈지니
주께서 먼저 가셔 네 머물 곳을 예비하시리

## 顺从

命升犹抗步, 归旷却争登。
常行颠倒路, 到底欲何为?
万事有时程, 莫任己情志, 先察主之意。



## 순종

올라가라 할 때는 버티고 가지 않더니
광야로 돌이키라 했더니 굳이 올라가 싸우는구나

매번 거꾸로만 하려 하니
도대체 무엇 하자는 거냐

모든 일에는 때와 순서가 있는 법
자기 욕심과 고집만 앞세우지 말고
먼저 주의 뜻이 어떠한지 살펴야 하리

2부
耶穌所走的道
예수께서 걸으신 길

看见怜悯

呼自税官起论争, 说无罪者先掷石, 他怜病者不定罪。愚人哪岂不须医?


보고 불쌍히 여기시더라

세관에서 그를 부르심이 논쟁을 불러일으켰네
돌을 든 사람에게는 죄 없으면 먼저 던지라 하셨고
병자들을 죄인이라 비난할 때 그들을 불쌍히 여기셨네

어리석은 사람아, 우리부터 치료받아야 하지 않겠는가

## 主爱之方式

吃与税吏友与囚,虔徒愤怒酷批评。
答曰病人须医生,不止可爱乃所必。


## 주님이 사랑하는 방식

세리와 더불어 먹고 죄인을 친구 삼았더니
경건한 무리가 크게 분노하여 혹독하게 비판하네
아픈 사람에게 의원이 필요하다 대답하시며
받을 만한 자만 아니라 필요한 자를 사랑하시네

## 弟汤子

趋炎附势多聚集,尽财之后赐无荚。
人心本质原如此,生死岔路忆故乡。
自甘佣役仍为子,犯罪蜷缩怀温抱。
不羞愚子欣设筵,虽失败倒忆归家。


## 동생 탕자

부유할 때는 친한 척 많이도 몰려들더니
탕진한 뒤엔 쥐엄 열매조차 주는 이 없네
세상인심이란 원래 이런 것
생사의 갈림길에서 고향을 떠올렸네
스스로 품꾼으로 낮추었으나 아버지는 아들로 여기셨고
지은 죄로 움츠려도 아버지는 따뜻하게 껴안으셨네
못난 자식 부끄러워하지 않고 기쁜 나머지 잔치를 열었으니
실패하고 넘어질 때, 돌아갈 집 있음을 명심하라

## 兄汤子

变为乞丐弟归家，父思温迎设宴欢，
当罚不足何以宴？兄之毒语刺父心。
受伤之指当医抚，未伤之指岂责其？
与父同在全为己，忘父赐恩惟惜犊。


## 형 탕자

거지가 되어 집으로 돌아온 동생
아버지는 따뜻하게 맞이하려 잔치를 열었는데
벌을 줘도 모자라는 판에 잔치는 무슨 잔치
형의 가시 돋친 말이 아버지의 심장을 찔렀네
다친 손가락이 마땅히 먼저 치료받는 것을
다치지 않은 손가락이 어찌 비난할 수 있나
아버지와 함께 있어 모든 것이 자기 것인데
받은 것은 모두 잊고 송아지만 아까워하네

信之目，约之言

耶稣为完成救援之工毅然前行，门徒却忧愁满怀，不明其意。亚兰军听见车马大军之声，以为有盟军来袭，遂惊逃而去，然城中百姓未晓，仍困饥中。人常不知小苦之后乃有主准备的大喜。

我行予人喜，门徒惟愁满。
惧围敌逃亡，困囚心狱饿。
全无望之境，备胜赐生途，
恳求开信目，坚抓守约言。



## 믿음의 눈 약속의 말씀

예수께서 구원의 완성을 위해 떠나시려 하자, 제자들은 그 뜻을 알지 못하고 자신들만 남는 것을 걱정하였다. 아람 군대가 병거와 군대 소리를 듣고 이스라엘의 동맹군이 오는 것으로 착각하여 포위를 풀고 도망한 뒤에도 성안의 사람은 여전히 기아로 죽어갔다. 우리는 종종 작은 고통 뒤에 주님이 준비하시는 큰 기쁨을 깨닫지 못한다.

"내가 떠나가는 것이 사람들에게 기쁨이 되리라"
제자들은 깨닫지 못하고 근심만 가득하였네

역으로 포위될까 두려워 적들은 모두 도망하였건만
마음의 감옥에 갇힌 채 굶어 죽게 생겼구나

아무런 소망이 없는 것 같을 때도
주님은 살길을 주시고 더 좋은 것을 예비하시니
믿음의 눈 뜨기를 기도하며
약속의 말씀을 붙잡아야 하리

## 旷野之铜蛇

主言喻鸟花,小信之人啊,何况你们呢?
旷野举蛇时,多人不肯望,不得痊而亡。
人子亦被举。岂能有此事?
虽神赐救道,不信所见闻,坚绝终无用。



## 광야의 놋 뱀

하늘의 새와 들의 꽃을 가리키며 말씀하셨네
믿음이 적은 자들아
하물며 너희일까 보냐

광야에서 놋 뱀을 높이 매달았으나
많은 사람이 바라보려 하지 않아
나음과 생명을 받을 수 없었네

인자도 이와 같이 들려야 하리라
어찌 이런 일이 있겠습니까

하나님께서 구원의 길을 허락하셨으나
보고 들은 것을 믿지 아니하면
결단코 아무 소용없으리라

### 真理之路

罪税结亲同食饮, 法徒愤怒图陷害。
试以税金问其路, 曰该撒物当归他。
伊甸之外共造物, 雨阳普照义与恶。
登丘哭泣为撒冷, 架上死而救众生。


### 진리의 길

죄인 세리들과 함께 먹고 마시며 친구가 되시자
분노한 바리새인들은 함정에 빠뜨리려 모의하며
세금 문제로 당신의 길을 따져 물으니
"가이사의 것은 가이사에게" 말씀하셨네

천지를 만드실 때 에덴 바깥세상도 같이 만드셨고
비와 햇빛을 의인과 악인에게 골고루 주신다네
골고다 오르시며 예루살렘을 위해 눈물을 흘리셨고
나와 다른 사람들을 위해 십자가에서 죽으셨네

回复教会

示罗祭司贪祭肉，耶稣愤怒赶商人。
岂忘自己为圣殿？自净回复被造意。



**교회의 회복**

실로의 제사장들은 고기를 탐하였고
예수께서는 분노하여 매매하는 자와 돈 바꾸는 자를 쫓아내셨네
우리가 성전임을 알지 못하는가
스스로 깨끗이 하여 지음 받은 뜻을 이루어야 하리

我身我血

主心愿设逾越餐，此身此血命吃喝。
同居之世同吃喝，身血之诚众共分。


내 몸이요 피이니

원하고 원하셨던 마지막 유월절 음식
이는 내 몸과 피이니 먹고 마시라 하셨네
모두 같이 살아가는 세상, 같이 먹고 마시며
몸과 피 같은 진심을 함께 나누어야 하리

银三十之代价

犹大为何烦闷苦, 受银三十是何价。
众徒归返唯他迷。
莫失回机困自牢。


은 삼십의 대가

가롯 유다는 무엇 때문에 갈등하고 괴로워하였을까
은 삼십의 대가는 무엇이었나
모두 다시 돌이켰으나 오직 그만 길을 잃었네

자신의 감옥에 갇혀 돌이킬 기회를 잃어서는 안 될 일이다

认识儿子, 长大成人, 满主身量

血气满溢卖弟弟, 不胜欲情污儿媳, 决时替弟自请奴。
被选门徒别犹大, 性格周密担钱袋, 决时背师卖神子。
生中误多失败也, 每次悔改再挑战, 长大成至基督量。


## 아들을 알아 온전하게 이루어 그리스도의 분량이 충만 하기까지

한때 혈기가 넘쳐 동생을 팔기도 하고
욕정을 이기지 못해 며느리와 관계도 하였으나
결정적 순간에 막내를 대신하여 노예를 자청하였네

다른 유다는 제자로 발탁도 되고
성격이 치밀하여 재정까지 담당하였으나
결정적 순간에 스승을 배신하고 하나님의 아들을 팔아 버렸네

살아가면서 잘못하는 일도 많고 실패도 많이 하지만
매번 돌이켜 다시 도전하면서
그리스도의 장성한 분량에까지 성장하여야 하리

## 克西马尼

耶稣苦祈祷,弟子困沉睡。
耶稣定受杯,彼得挥刃起。
耶稣被缚去,众皆四散离。
祈信求何物?生中随主旨。


## 겟세마네

예수께서 고뇌하며 기도할 때
제자들은 피곤하여 잠을 잤다
예수께서 고통의 잔을 받기로 결정하였을 때
베드로는 날카로운 칼날을 휘둘렀다
예수께서 포박되어 끌려갈 때
함께 한 사람 아무도 없었다
기도는 무엇이고 믿음은 무엇인가
삶 가운데 주의 뜻을 실천하는 것

苦难之意味

说四月最是残忍?人把救主钉十架。
苦难羞辱谁也避, 对他应验成圣经。



고난의 의미

사월은 가장 잔인한 달이라 하였던가
인류가 구세주를 십자가에 못 박은 달
고난은 부끄럽고 비참하여 모두 피하려 하나
그에게는 성경을 응하게 하는 과정이었네

## 为谁架死

特朗普发关税法, 全世界都被暴击。
有人滥发三十劾, 有人妄然布戒严。
共存价值失立处, 弱肉强食岂非时?
人说为生不可免, 耶稣架死为全人。



## 십자가의 죽음, 누구를 위함인가

트럼프가 새로운 관세 정책을 선언하고
모든 나라는 폭격 맞은 양 아우성이다
어떤 이는 서른 번의 탄핵을 남발했고
또 다른 이는 아닌 밤에 홍두깨 계엄령을 선포했다.
공존의 가치는 설 자리를 잃고
약육강식의 시대가 온 건가
내가 살기 위해서 어쩔 수 없다 하나
예수 십자가의 죽음은 모든 사람을 위해서이네

选择伴结果

耶户到了耶斯列。耶洗别擦粉, 梳头, 说, 杀主人的心利阿, 平安么。

耶户进门时, 不觉主审判, 但视为反乱, 擦粉梳头对。
耶稣传真道, 蔑视而嘲弄, 甚至连逼迫, 钉于十架上,
光来到世间, 因人行为恶, 反而爱黑暗。
面对真理时, 或光随而行, 或暗隐其中, 铭心随择果。


## 선택에는 결과가 따른다

예후가 이스르엘에 오자 이세벨이 눈을 그리고 머리를 꾸미고 "주인을 죽인 시므리여, 평안하냐" 하였다.

예후가 문에 들어섰을 때도
주님의 심판이 다다랐음을 깨닫지 못하고
단순한 반란으로 생각하며
눈을 그리고 머리를 빗으면서 대응하였네

예수께서 진리의 말씀을 전하자
멸시하고 조롱하며
심지어 핍박까지 하면서
마침내 십자가에 매달았으니
이는 빛이 세상에 왔으나
자신들의 행위가 악하므로
오히려 어둠을 사랑하여 그 안에 머물렀음이라

진리에 직면하였을 때
빛을 따라 행할 수도 있고
어둠 속에 숨을 수도 있으나
선택에는 결과가 따름을 마음에 새겨야 하리

## 毁隔断的墙

以撒依言寄居基拉耳，屡让非利士，终得和。

选基拉耳替埃及，每挖水井皆出水。
土人来扰仍不争，屡次退让遂和平。
人生过程怨愤多，往往难明真正义。
当求城邑之平和，耶稣毁墙舍己身。



## 막힌 담을 허무시다

이삭은 하나님의 말씀에 따라 그랄에 거주하면서, 매번 블레셋 사람에게 양보하여 마침내 평화가 이루어졌다.

기근이 닥쳤을 때 애굽 대신 그랄을 택하였는데
하필 파는 우물마다 물이 솟아났네
본토인들이 권리를 주장하자 다투기를 원치 않고
계속된 양보는 화해와 평화를 가져왔네

살다 보면 속 터지는 일이 정말 많아

참 정의가 무엇인지 이해하기 어렵구나

그 성읍의 평화를 위해 기도하라 하시며
예수께서는 몸으로 막힌 담을 허무셨네

虛守

信復活之法利賽, 却懼復活滾石封。
冬愈深猶知春至, 夜極暗中主仍行。



## 헛되이 지키네

부활을 믿는 바리새인들
부활이 두려워 돌을 굴려 무덤을 막았네
겨울이 깊으면 봄이 가까운 것처럼
가장 캄캄할 때도 주님은 일하시네

## 三日清晨

祭司胜醉而沉眠,门徒绝望皆哭泣。
隨主服事三女人,望作末侍向墳墓。
曾为罪人釘十架,三日清晨开新望。
人啊放下心重担,铭记海边主三问。



## 셋째 날 이른 아침

종교 지도자들은 승리에 취하여 잠들었고
제자들은 절망하여 다 같이 울고 있었으나
따르며 수종 들던 세 여인은
마지막 섬김을 바라며 무덤을 향하였네
죄인으로 십자가에 못 박혔던 이가
셋째 날 이른 아침 새 희망으로 부활하셨으니
사람들아, 마음의 무거운 짐을 내려놓고
바닷가의 세 번 질문을 마음에 새길지어다

### 所望之实底,未见之确据

亚兰军困撒玛利亚,物价极腾,以利沙言明日必转丰足,军长却讥笑。主复活显于门徒,多马称非亲见不可信也。

明日此时候,银一舍客勒,大麦二细亚,细面一细亚。
纵神开天窗,岂有此事乎?当众讥诮言,口舌成诽谤。
非见手钉痕,非探肋枪口,怎肯信复活?
因见方信乎?未见而信者,必定有福矣。
信是望之实,未见之确据,自囿心框里,莫限主作为。


### 바라는 것들의 실상이요 보지 못하는 것들의 증거라

아람 군대가 사마리아를 포위하여 물가가 천정부지로 올랐다. 엘리사가 다음 날이면 모든 상황이 회복되리라 하자, 한 장관이 비웃었다. 예수께서 부활하시고 여러 제자들에게 나타나셨으나, 도마는 직접 확인하지 않고는 믿을 수 없다 하였다.

내일 이맘때에
은 한 세겔로
보리 두 스아와
고운 밀가루 한 스아를 살 수 있으리라

하나님이 하늘에 창을 내신들
어찌 이 일이 있으랴
대놓고 조롱하며
이러쿵저러쿵 비방하였네

그 손의 못 자국을 보지 않고
옆구리의 창 구멍에 넣어 보지 않고는
어떻게 그가 살아나심을 믿을 수 있겠는가

너는 나를 본 고로 믿느냐
보지 않고도 믿는 자들은
복이 있도다

믿음은 바라는 것들의 실상이요
보지 못하는 것들의 증거이니
자기 사고의 틀에
주님의 역사하심을 가두려 하지 말지라

创造天地

无论微分子或大宇宙，皆由引力与斥力互衡而成其形。原子与电子之间空广如虚，原子之性质未明，难言物质是否真有。生物之命，系于四核碱基之排列，生老病死皆由其序。忽有突变，或至进化，然终无离设计之范围。一切运行，皆显明创造主之原理。

分子运行似宇宙，四基织就成生命。
细胞寿夭随端粒，由简万殊玄且妙。


## 천지를 창조하시니라

극소 분자든 광활한 대우주든 모두 인력과 척력에 의해 균형을 이루고 형태가 유지된다. 분자 내부는 대부분 공간이며 원자의 구조는 완전히 규명되지 않아 물질이라는 것이 실재하는지 의문이다. 생명체는 네 개 염기서열이 모인 것이며 생로병사는 생체시계의 순서에 따른다. 때로는 돌연변이가 때로는 진화가 일어나지만 결국 설계의 범위를 벗어나지 못한다. 만물의 운행은 창조주가 정해 놓은 원리에 의해 작동되는 것이다.

   분자와 우주는 기본적으로 같은 원리로 작동된다
   네 개의 핵 염기 조합이 생명의 근간이며
   세포의 성장과 소멸은 생체시계에 좌우되니
   지극히 단순함에서 무한한 변화가 이루어짐이 신기할 따름이다

3부

历史与摄理

역사와 섭리

3부의 1

亚哈之暗影

아합의 어두운 그림자

## 摄理之进行

暗利与亚哈在位时，偶像崇拜弥漫民间，日常无所不及。约书亚攻取耶利哥时曾起誓：凡重修此城者，立基之日丧长子，设门之时丧幼子。亚哈年间，不顾此誓，伯特利人希伊勒重修耶利哥，竟丧长子亚比兰与幼子西割。

暗利父子在位时，繁荣反失族真体。
约书亚后五百年，希伊勒事显摄理。


## 섭리의 진행

오므리와 아합이 왕위에 있는 동안, 우상 숭배는 백성의 일상생활 곳곳에 침투하였다. 여호수아가 여리고를 점령한 뒤 "누구든지 이 성을 짓는 자는 기초를 쌓을 때 맏아들을 잃게 되고 문을 세울 때 막내아들을 잃으리라" 맹세하였는데 아합의 때에 이를 무시하고 벧엘 사람 히엘이 여리고를 건축하다 맏아들 아비람과 막내아들 스굽을 잃었다.

오므리 부자가 통치하는 동안
번영하는 것 같았으나, 이스라엘의 정체성은 사라져갔네
여호수아 때로부터 오백 년 뒤
히엘의 사건으로 섭리는 여전히 이루어짐이 드러났네

亚哈之道, 俄巴底亚之道

亚哈家宰俄巴底亚, 甚敬畏耶和华, 藏先知百人, 以饼水供养之。

亚哈暴政藏心信, 饥荒极深各分途。
王虑畜口俄承理, 屈烦岁月为神用。


## 아합의 길, 오바댜의 길

왕궁 맡은 자 오바댜는 여호와를 경외하는 사람으로 선지자 백 명을 숨기고 떡과 물을 제공하였다.

아합의 폭정 아래 믿음을 숨기고 살다
기근이 절정에 이르자 둘이 길을 나누었네
왕은 가축을 위해 나섰으나 그에게는 섭리를 따르는 길이었으니
굴종과 번민의 세월이 하나님의 때에 쓰임 받기 위함이었네

## 灾之真因

亚哈见了以利亚, 便说, 使以色列遭灾的就是你么。

灾因亚哈罪, 反倒责先知, 百姓随附谣。
自古骗群多, 祸临假煽人。



## 괴로움의 참 원인

아합이 엘리야를 보자 그에게 이르되 "이스라엘을 괴롭히는 자여, 너냐?" 하였다.

자기 집안으로 온 나라가 괴로움을 당하건만
엉뚱하게 엘리야에게 뒤집어씌우고
백성은 선동하는 소리에 속고 말았네
군중을 속이는 일은 예부터 항상 있었으나
화 있을진저, 거짓 선동을 일삼는 자들이여

起问题者, 当苦痛者

亚哈暴政久, 饥荒民苦深。
历任皆败沉, 聚智竟何成?



문제를 일으키는 자, 고통을 당하는 자

근본 문제는 아합의 폭정인데
기근으로 고통당하는 이는 백성이었네
뽑는 사람마다 실패한 대통령이 되니
집단지성이란 것이 있기는 한 거냐

最后机会, 最后选择

先知改换面容, 设言对王曰: 战乱之间失所托, 命当以己偿代。亚哈王应曰: 你自定妥, 当照你言断于你。

反复不从奈若何? 自定当责自承答。
虽神赐下末机会, 闷闷忧心执己途。


## 마지막 기회 마지막 선택

선지자가 변장하고 왕에게 물었다. "전란 중에 맡은 사람을 잃어버려 제 목숨으로 대신해야 하게 되었습니다." 아합이 대답하였다. "네가 스스로 결정하였으니 그대로 당하여야 하리라."

반복하여 불순종하니 어떻게 할 것인가?
스스로 정하였으니 그대로 당하리라 스스로 대답하였네
마지막 돌이킬 기회를 하나님께서 주셨으나
답답하고 울적해하며 자신의 길을 고집하였네

## 无资质王

亚兰王便哈达聚军围攻撒马利亚,遣使索其金银、妻子儿女。亚哈未敢拒绝,长老与百姓却劝他说:不可听从,也不可应允。

临国危时民胆大,王怕唯忧财与家。
无质无望终必败,翻观史册已可知,
不幸总统仍连任,无功无绩祸事添,
当除成见察其人,选择兼备德智人。


## 비전 없는 지도자

아람 왕 벤하닷이 전군을 이끌고 사마리아를 에워싸고 사자를 보내어 모든 은금은 물론 아내들과 자녀들까지 잡아가겠다고 하자, 아합은 감히 거절하지 못하였으나 장로와 백성들은 "듣지도 말고, 허락하지도 마옵소서"라고 아뢰었다.

국가 파멸의 위기에서 백성은 담대하였는데

아합은 두려워 떨며 재산과 가족만 염려하였네

자질 없고 비전 없는 지도자를 세운 결과
역사를 보면 충분히 알 수 있을진대
불행히도 대통령 된 자들이 연이어
해 놓은 것은 없이 사고만 치고 있으니
이제는 편견을 버리고 사람됨을 잘 살펴
도덕적이고 능력 있는 사람을 뽑아야 하리

## 亲自率领

亚哈问：谁当率领？先知曰：王亲自率领。于是午间，省长少年人先出，开始攻击，亚兰王便哈达骑着马逃跑。

主说大战前，王先少年后，
实则次序改，终享胜利耀。
浸足污泥里，上帝赐甘果，
莫言自不知，必率自担任。


## 네가 이끌어라

아합이 이르되 "누가 싸움을 시작하리이까" 선지자가 대답하되 "왕이니이다" 정오가 되자 고관의 청년들이 먼저 나가 공격을 시작하였고 아람 왕 벤하닷은 말을 타고 도망하였다.

큰 싸움을 앞두고 주께서 말씀하시길
왕이 앞서고 고관 청년들이 따르라 하셨는데

막상 싸움이 시작되니 순서를 바꾸고선
승리의 영광은 자신이 누리었네

구정물에 내 발을 먼저 담그면
하나님께서 선한 결과를 이루시리니
나는 모르는 일이라 부인하지 말고
솔선수범하며 결과에 대한 책임을 져야 하리

累败忘训

先知言：当自强，明年此时，亚兰将再来攻。果然便哈达上亚弗，以军横行满地；以色列人仅如双群羔羊。战斗开始，亚兰大败；便哈达请和，亚哈悦而结约，释其归。

先知警告敌将来，无方无策复无奈，
耶和华仍施奇迹，依然不悟主摄理，
急以贪心用胜利，依战谋私招审判。
古今累败多无悔，往事忘训必招殃。


## 돌이킴 없이 반복하는 잘못

선지자가 이르되 "왕은 스스로 힘을 기르소서. 해가 바뀌면 아람 왕이 다시 치러 오리이다" 하였다. 과연 벤하닷이 아벡으로 올라와서 공격하였는데 이스라엘은 두 무리의 적은 염소 떼 같고 아람 군대는 온 땅에 가득하였다. 전투가 시작되자 아람이 대패하였고, 벤하닷이 화평을 구하자 아합은 기분이 좋아 조약을 맺고 보내주었다.

선지자를 통해 다음 침략을 대비하라 하였건만
적군이 닥쳤을 때 대책 없음은 이번에도 마찬가지
하나님은 다시 한번 기적을 허락하셨으나
여전히 섭리하심의 결과임을 깨닫지 못하고
다만 승리를 이용해 자기 욕심 채우는 데 급급하였으니
자기 목적을 위해 전쟁을 일삼는 자에게 심판이 있으리라

예나 지금이나 거듭 실패하면서도 돌이키지 않는 일이 많으니
지나간 일에서 교훈을 얻지 못하는 자는 불행할 따름이다

倾国之色

拿伯拒卖葡萄园,亚哈愁闷不食。耶洗别立两匪作伪证,以石打死拿伯,占其园。

因葡萄园心忧郁,妃逾其分计强侵。
虽与真神本无关,假托律法惑众心。
倾国之色为他言,一女愚昧起大乱。
玩法骗民追权人,家虽倾兮国尤虑。



경국지색

나봇이 포도원을 팔지 않자, 아합은 근심과 답답함으로 식사도 하지 않았다. 이세벨이 불량자 두 사람을 거짓 증인으로 세워, 나봇을 돌로 쳐 죽이고 포도원을 차지하였다.

원하는 포도원을 얻지 못해 마음이 답답하였는데
아내가 월권하며 강제로 빼앗을 궁리를 하였네
하나님과 아무 상관없으면서
전승되는 율법을 악용하여 군중을 선동하였네

경국지색을 다른 나라 이야기로만 여겼더니
천지 분간 못하는 한 여자가 큰 혼란을 일으키네
법을 주무르고 민심을 호도하며 권력을 좇는 자들아
너희 집안 망하는 건 상관없지만 나라 골병들까 걱정이다

## 慌乱状况

亚哈与耶洗别共谋,使拿伯冤死而掠夺葡萄园,神终于宣告审判。亚哈闻言,撕衣禁食,披麻自卑。

忍耐之终告审判,衰心苏醒显谦和。
难测之事人不解,主延宣已此时也。
主法异与世人法,天网恢疎而不失。
人本多错神宽宥,勿冀宽我而严人。



## 당황스러운 상황

아합이 이세벨과 짜고 나봇에게 누명을 씌워 죽인 다음 포도원을 탈취하자 하나님은 마침내 심판을 선언하셨다. 아합이 놀라 옷을 찢고 금식하며 굵은 베로 몸을 동이고 회개하였다.

참고 기다리시던 끝에 마침내 심판을 내리시려 하자
 희미하게 남았던 양심이 살아난 걸까, 겸비한 모습을 보였네

당황스러운 일, 도무지 이해할 수 없음은
하나님께서 이미 선포하신 것을 이번에도 연기하심이라

주님의 법은 세상의 법과 달라
하늘의 그물이 크고 성기지만 새는 곳이 없네
사람은 잘못을 저지르나 하나님은 용서하시니
나에게는 너그럽게 남에게는 엄격할 것을 바라지 말라

假凌侮真

亚哈图取基列之拉末,联犹大王约沙法成军。召先知们问主旨,俱言必胜。然米该雅言:谎言之灵诱众口。西底家怒而掌其面,先知曰:尔密屋藏身之日,必亲见也。

直言圣旨无增减,伪师怒咒打脸颊,被困囚牢苦饮食。
恶嘲逼善不足奇,主日将临事尽显,密屋藏影必看见。


## 거짓이 참을 능멸할 때

아합이 길르앗 라못을 되찾고자 유다 왕 여호사밧과 연합군을 이루었다. 선지자들을 소집하여 하나님의 뜻을 물으니 모두 승리를 예언하였다. 다만 미가야는 거짓말하는 영이 선지자들의 입에 들어갔다고 하였다. 이에 시드기야가 분노하여 미가야의 얼굴을 때렸고 미가야는 시드기야에게 "네가 골방에 들어가 숨는 그날에 직접 보리라" 하였다.

하나님의 말씀을 있는 그대로 전했더니
거짓 선지자에게 뺨을 얻어맞고

갇힌 채로 고생의 빵 먹고 고생의 물 마셔야 했네

악이 선을 조롱하고 핍박해도 이상한 일이 아니라
하나님의 때가 되면 모든 것이 밝히 드러나리니
골방에 들어가 숨어서 보게 되리라

## 真理之分别

西底家造两铁角,预示以色列灭亚兰。亚哈使者劝米该雅,随众先知同声吉言。

或造铁角以预示,或劝莫独随大势,或坚持传上帝言。
众声喧哗难分辨。
声高言巧似可信,时过而后悔常有。
人筹自路主成就,考经省事而开怀。



## 진리를 분별하려면

시드기야는 쇠뿔을 만들어 이것으로 아람을 진멸할 것이라 예언하고, 아합의 사자는 미가야에게 다른 선지자들처럼 길한 말을 아뢰라 권하였다.

어떤 이는 쇠뿔을 만들어 예언하며
어떤 이는 혼자 튀지 말고 대세를 따르라 하고
어떤 이는 하나님 하신 말씀만 전하겠다 하네

모두 자신이 옳다 주장하니 어느 것이 맞는지 판단하기 어렵다

목소리 크고 그럴듯하면 그것이 맞는 것 같아도
시간이 지나 후회하는 일은 항상 있음이라

사람이 자신의 길을 계획하여도 이루시는 분은 여호와시니
열린 마음으로 묵상하며 되어 가는 일을 살펴야 하리

## 灵的分别力

至拉末前招四百,一致媚说顺君意。
自信所求即神意,恶化事态陷泥沼。
若融众意易迷途,常听主道警醒祷,
培养灵性提辩力,不为所乱持善心。


## 영적 분별력

길르앗 라못으로 내려가기 전 사백 선지자를 불러 모았더니
한결같이 입에 발린 소리로 듣고 싶은 말만 하였네

자신이 구하는 것이 하나님의 뜻이라고 믿으니
사태는 더 악화되어 진창에 빠질 뿐이라

군중 심리에 휘말리면 길을 잃기 십상이니
늘 말씀을 가까이하며 깨어서 기도함으로
영성을 길러 분별력을 높이며
감정에 휘둘리지 않고 선한 양심을 지켜야 하리

## 上帝之钟表

亚哈改装上阵，一人偶射，其箭恰中其甲缝，至暮而亡。

为避审判换兵衣，一箭偶然透衣缝。
神钟虽缓终不息，每赐良机察自处。


## 하나님의 시계

아합이 변장을 하고 전쟁터에 나갔는데, 우연히 날아온 화살이 갑옷 솔기를 뚫었고, 저녁에 이르러 그가 죽었다

심판을 피하고자 병졸의 옷으로 갈아입었으나
우연한 화살 하나가 옷 솔기를 뚫고 말았네
하나님의 시계는 느리지만 멈추는 법이 없으니
기회를 허락하실 때 자신이 선 곳을 살펴야 하리

## 亚哈之暗影其一

约沙法之子约兰娶亚哈女亚他利雅, 行以色列王所行, 效亚哈之家。

约沙法王承父信, 行为正事起兴国。
何财何苦岂非忘？愈其信淡愈愁多。


## 아합의 어두운 그림자 제일수

여호사밧의 아들 여호람은 아합의 딸 아달랴와 결혼한 뒤 이스라엘 왕들의 길을 가며 아합의 집과 같이 되었더라.

여호사밧은 아버지의 믿음에 따라
하나님 보시기에 바른 일 행하며 나라를 부흥시켰네
어떤 재산 어떤 수고가 잊히지 않으랴
저들 믿음 옅어지면 부모 근심 깊어진다

亚哈之暗影其二

虽家风秀父勤养, 新王甘为妇宠牵, 可见状况今日也。
地界渐缩国运倾, 父信持守大卫灯。
余与家人共奉主。



## 아합의 어두운 그림자 제이수

훌륭한 가풍에 아버지의 깊은 배려에도
새 왕은 아내 즐겁게 하는 길을 택했으니
요즘도 많이 보는 상황이구나

영토가 쪼그라들고 국운이 기울어도
아버지의 신실함이 다윗의 등불은 지켰으니

나와 내 집은 오직 여호와를 섬기리라

## 亚哈之暗影其三

约兰之子亚哈谢,接代为亚哈家之女婿。后以色列王约兰负伤,亲赴耶斯列探病。

政略目的结婚盟,后患无穷难化解。
亚哈女儿成王妃,子为女婿亚哈家。
如言恶货驱良货,亚家过时盖犹大。
初作错误难测果,每时须察我身处。


## 아합의 어두운 그림자 제삼수

여호람의 아들 아하시야는 대를 이어 아합 집안의 사위가 되었고 이스라엘 왕 요람이 부상을 당하자 직접 이스라엘로 문병을 갔다.

정략적인 목적으로 혼인 동맹을 맺었는데
부작용이 심해져 어찌 못할 지경에 이르러
아합의 딸이 유다의 왕비가 되고
그 아들 또한 아합 집안의 사위로 만들었네

악화가 양화를 구축한다더니
시간이 지나면서 온 유다가 아합의 그늘에 덮여버렸네

시작이 잘못되면 그 결과를 알 수 없는 법
매번 나 서 있는 곳이 어디인지 살펴야 하리

## 近朱近墨

耶户背叛约兰, 往耶斯列时, 约兰病中。犹大王亚哈谢访之。

背弃祖训信, 结家与亚哈, 审判来同灭。
近墨近朱砂, 变黑而变赤。
不立罪人路, 不从恶人谋, 此人便有福。


## 주사를 가까이하는 자, 먹을 가까이하는 자

예후는 요람을 배반하고 그가 병중에 있는 이스르엘로 향하였다. 유다 왕 이하시야는 요람을 문병하러 와 있었다.

집안의 신앙적 전통을 저버리고
아합과 한 집안이 되더니
심판의 때에 같이 멸망하게 되었네

주사(朱砂) 곁에선 붉게 되고
먹 곁에선 검게 되는 법

죄인의 길에 서지 않고
악인의 꾀를 따르지 않는
이런 사람은 복 있는 사람이라

## 岂因国中没神

亚哈谢从楼上栏杆跌下成病, 遣使问以革伦神巴力西卜。宋钦宗时, 金军围汴, 道士妄言神兵将至, 朝廷遂撤援兵, 终致国灭。今日, 尚有令夫人沉迷方术, 政局益乱。

坠栏就成病, 遣使以革伦。
靖康之变时, 撤兵待神兵,
女士倚道士, 邦复陷大患。
主说送先知, 岂因没神乎?


## 나라에 하나님이 없기 때문이냐

아하시야가 다락 난간에서 떨어져 병들매 사자를 보내어 에그론의 신 바알세붑에게 낫겠는지 물어보았다. 송 흠종 때 금나라 군대가 볜징을 포위하자, 신병이 도우러 올 것이라는 도사의 망령된 말을 믿고, 조정에서 군대를 물려 멸망을 앞당겼다. 요즈음 어떤 영부인이 도술에 깊이 빠져 국정이 혼란해졌다.

난간에서 떨어져 병이 드니
에그론으로 사자를 보내었네

정강의 변(靖康之變) 때에는
신병(神兵)을 기다리며 군대를 물리더니
여사가 도사를 너무 의지하여
다시금 나라가 큰 위험에 처하였네

주께서 선지자를 보내어 말씀하셨다
나라에 하나님이 없기 때문이냐

### 救赎之历史

亚他利雅与武侯,乃犹大与中国之唯一女王,皆为登基,不惟政敌,亦对血亲孙辈施酷手,政以恐怖,终以叛逆被逐。

武侯之前两千年,亚他利雅于亚家。
剿灭血肉篡王权,空图断绝救赎史,姑出机智藏殿里。
绝声屏息六年间,主未曾停施作为。


### 구속의 역사

아달랴와 측천무후는 유다와 중국의 유일한 여왕으로 권좌에 오르기 위해 정적은 물론 피붙이까지 참혹하게 살해하며 공포정치를 실시하다 결국 반란으로 퇴위 당하였다.

측천무후가 있기 이천 년 전
아합의 집안에 아달랴가 있었네

자신의 피붙이들을 도륙하여 왕권을 탈취하고

헛되이 구속의 역사를 단절하려고 하였으나
고모가 기지를 발휘하여 성전에 숨겨 두었네

숨을 죽이고 지낸 육 년의 시간
주님은 일하는 것을 멈추신 적이 없네

3부

历史与摄理

역사와 섭리

3부의 2

善王, 恶王

좋은 왕, 나쁜 왕

### 若不看约沙法之面其一

亚哈死后,摩押背叛。以色列王约兰联犹大与以东,共伐之。

摩押背叛断进贡,约兰陷于财政乱。
数点民而联三国,不问主意擅兴戎。
虽划完璧过七日,水尽才觉所以然。
凡苦必有因与意,当作机缘省己转。



### 여호사밧의 얼굴을 봄이 아니면 제일수

아합이 죽은 뒤 모압이 배반하자, 이스라엘 왕 여호람은 유다, 에돔과 연합하여 모압을 정벌하고자 하였다.

모압이 등을 돌려 조공을 끊으니
여호람은 재정에 큰 문제가 생겼네
백성을 점검하고 삼국 동맹을 체결한 뒤
주의 뜻은 묻지 않고 전쟁 준비를 마쳤네
모든 계획이 완벽하다 여겼으나 칠 일이 지난 뒤

물이 떨어지고, 무엇이 문제인지 깨달았네

모든 고난은 그 원인과 뜻하신 바가 있게 마련이니
스스로를 살피고 돌이킬 기회로 삼아야 하리

若不看约沙法之面其二

全图水泡之危机,一人埋怨而弃之,一人谦卑求主旨。
群皆无信无关神,一人信实救诸生,又变国家命运也。


**여호사밧의 얼굴을 봄이 아니면 제이수**

모든 것이 물거품으로 돌아갈 위기에서
한 사람은 원망하며 자포자기의 심정이 되었고
한 사람은 겸비하여 주의 뜻을 구하였네

어느 누구도 믿음이 없고 하나님을 상관하지 않았으나
한 사람의 신실함이 수많은 생명을 살리고
더하여 나라의 운명까지 바꾸었네

预言的成就

亚兰王便哈达患病，遣哈薛往见以利沙，问其病能否痊。以利沙注目视之，至使其惭愧，遂哭。

尼尼微人以忏悔，命运遂转悲为安，
哈薛闻言滋恶志，效尤该隐蹈血途。
为何主赐言与恩？受以善心用善事。


## 예언의 성취

아람 왕 벤하닷이 병이 들자, 하사엘을 엘리사에게 보내어 그의 병이 나을 것인지 묻게 하였다. 엘리사는 그가 부끄러워하기까지 얼굴을 쏘아보다 울음을 터뜨렸다.

니느웨 사람들은 참회함으로
운명의 결과까지 바꾸었는데
하사엘은 듣고 오히려 악한 뜻을 서두르며
가인과 같이 피 흘림의 길을 걸었네
말씀을 주시고 은혜를 주심은 웬일인가
선한 마음으로 받고 선하게 사용하라 함일세

## 怨天尤人

亚兰王便哈达聚其全军, 围困撒马利亚, 城中大饥荒。

战况极惨烈, 竟至煮其儿。
不察真根由, 迁怒以利沙, 斩首欲泄忿。
嫁罪于他人, 古今常如此。
主责以炼时, 怨天尤人者, 不悔祸必至。


## 남 탓, 뒤집어씌우기

아람 왕 벤하닷이 군대를 모아 사마리아를 에워싸니 성안에 큰 기근이 들었다.

전황이 극도로 악화되어
아이를 삶아야 할 지경에 이르렀는데

참 원인은 살피지 않고
엘리사에게 울분을 쏟아 놓으며
목을 베어 분풀이하고자 하였네

자신의 죄를 남에게 뒤집어씌우는 일
예나 지금이나 흔히 보는 일이라

주께서 시련을 주시며 책망하실 때
하늘을 원망하고 남 탓만 하는 자
돌이켜 회개하지 않으면 화 있을진저

耶和华之用具

如以利沙之言，哈薛弑便哈达而登基为亚兰王，耶户尽灭亚哈之家篡位为以色列王。

主选二人作鞭杖。
哈薛覆面弑其主，耶户一矢穿王心。
两人性情皆残酷，岂料神竟取为器，深潜摄理谁可测？
为君当具德与功，虽祈奇迹反成空，察史方知亦是程。


## 여호와의 도구

엘리사의 예언대로, 하사엘은 벤하닷을 죽이고 아람의 왕이 되었고, 예후는 아합 집안을 멸절하고 이스라엘 왕이 되었다.

주께서 두 사람을 선택하여 채찍으로 삼으셨네

하사엘은 이불로 얼굴을 덮어 주군을 죽이고
예후는 화살로 왕의 염통을 뚫었네

둘 다 성격이 잔혹하여
하나님이 사용하시리라 상상하기 어려웠지만
섭리 운행하심을 누가 예측할 수 있으랴

리더는 덕과 공을 겸비해야 하기에
기적을 기도하였건만 결과는 반대로 드러났고
이 또한 섭리의 과정임을 역사가 보여주네

## 基督人之完全

耶户在前往撒玛利亚的途中遇见利甲的儿子约拿达，便请其同乘战车。登位之路血流成河，他以虔诚之人为伴，以掩盖政治野心，并为屠戮之举寻求名分。

借口神意招利甲，激发伴血之狂风，坚推自之新王朝。
因必要恶岂无愧？目的不铺恶过程，恶是样也须丢掉。
虽奉主名行多事，审判之时主明告，作恶的人离开我。



## 완전한 그리스도인이 되는 길

예후가 사마리아로 가던 중 레갑인 여호나답을 만나자 수레에 오를 것을 요청하였다. 예후는 왕이 되는 과정에서 흘린 피가 내를 이루었는데 경건한 이와 함께 하여 정치적 야심을 숨기고 살육의 명분을 구하였다.

하나님의 뜻을 핑계로 레갑인을 부르고
피바람을 일으키며
자신의 새 왕조를 견고히 하려 하였네

필요악이면 거리낌 없어도 되는 거냐
목적이 악한 과정을 정당화하지 못하니
악한 것은 그 모양이라도 버려야 하리

비록 주의 이름으로 많은 일을 행한다 해도
심판 날에 주께서 밝히 말씀하시리
"불법을 행하는 자들아 내게서 떠나가라"

## 审判之用具

亚哈七十子, 耶户一信下, 长老与师皆应之, 杀子斩首送筐至耶户前。

昔日忠诚之臣者, 收信即变舞剑挥, 灭尽亚哈全家族。
神言既出终难避, 被选为刑亦堪悲。
非己所愿担恶责, 当思主意勿妄动, 为赐悔机用审判。


## 심판의 도구

아합에게는 칠십 아들이 있었는데, 장로와 선생들이 예후의 편지를 받고 이들을 모두 죽여, 머리를 광주리에 담아 예후에게 보내었다.

한때는 충성스러운 신하인 줄 알았는데
편지 한 장 받고는 망설임 없이 돌변하여
칼춤을 추며 아합 집안의 멸망에 앞장섰네

하나님의 예언은 피할 수 없으려니와

채찍으로 선택된 자에게는 슬픈 일이로다

어쩔 수 없이 악역을 맡아야 할 때가 있거니와
주의 뜻을 기억하고 경거망동하지 말지니
심판의 목적은 돌이킬 기회를 주시려 함이라

## 金牛犊之诱惑

耶户仍存伯特利与但之金牛犊,乃耶罗波安所设,使民不上耶路撒冷之圣殿。

虽灭巴力诸邪党,金犊之利未肯丢。
眼前诱惑摇人心,常引歧途致深患,试问吾生何金犊?


## 금송아지의 유혹

예후는 베델과 단의 금송아지를 그대로 두었는데, 이는 백성들이 예루살렘 성전에 가는 것을 막기 위해 여로보암이 세운 것이다.

바알의 잔당은 모두 척결했으나
금송아지가 주는 이익은 버리지 못하였네

눈앞에서 마음을 흔드는 유혹
언제나 잘못된 길로 인도하며 큰 화를 남기나니
내 삶에는 어떤 금송아지가 자리잡고 있는가

不顾昔恶之耶和华

约哈斯常行耶和华眼中恶事，不离开其路，遂被交于亚兰王哈薛与其子便哈达手中。

虽约哈斯不离恶，遭厄恳求赐拯救。
上帝不顾昔之恶，若真心求就应允，每失足时向主归。


## 지난 잘못을 따지지 않으시는 하나님

여호아하스가 여호와 보시기에 악을 행하며 그 길에서 떠나지 않으므로, 하나님께서 노하시어 아람 왕 하사엘과 그의 아들 벤하닷의 손에 넘기셨다.

여호아하스는 여로보암의 죄에서 떠난 적이 없었지만
재앙을 당하여 간절히 구하니 구원자를 보내 주셨네

하나님은 지난 잘못을 따지지 않으시고
기도하는 순간 진실하게 구하면 응답해 주시니
실족할 때마다 여전히 주를 향해 돌이켜야 하리

### 正统性之恢复

亚哈谢母亚他利雅弑王孙灭宗室,王妹约示巴隐匿亚哈谢子约阿施于圣殿中六载。约阿施七岁,耶何耶大授律法书,膏立为王,民众齐呼,愿王万岁。

虽登基年方七岁,继承耶西复正统,民齐呼欢城安宁。
日本争失三十载,吾国近历两弹劾。
当王具德登王座,斯国斯民皆蒙福。



### 정통성의 회복

아하시야의 어머니 아달랴가 왕의 자손들을 멸절하였으나 왕의 누이 여호세바가 요아스를 빼돌려 성전에 숨겼다. 육 년이 지나자, 여호야다가 왕관을 씌우고 율법책을 주며 기름을 부어 왕으로 삼으매 백성들이 박수하며 왕의 만세를 불렀다.

비록 칠 세에 왕위에 올랐으나
이새의 줄기에서 나와 정통성을 회복하니

모든 백성이 기뻐하고 나라는 안정을 얻었네

일본은 정쟁으로 삼십 년을 잃었는데
우리는 최근 두 번의 탄핵을 겪어야 했네

왕이 되어야 할 사람이 왕좌에 오르면
그 나라와 그 백성은 복이 있도다

### 教会之做成

约兰、亚哈谢及亚他利雅三王相继而治, 犹大疾趋同化于以色列。约阿施即位, 倡行宗教改革, 命修复圣殿。

三朝之久岁, 圣殿弃而毁。
祭司亦堕坏, 未理王命修。
清财委能士, 不夺祭司分, 主工如此行, 功成体完美。


### 교회를 이루는 길

여호람, 아하시야, 아달랴 세 왕이 연속 통치하면서 유다는 급속하게 이스라엘과 동질화되어 갔다. 요아스가 왕위에 오른 뒤 종교개혁을 대대적으로 추진하면서 그동안 방치되어 있던 성전의 수리를 명하였다.

세 임금의 세월을 거치면서
성전은 방치되고 훼손되었네
제사장들 또한 마음이 완악해져
수리하라는 왕명을 따르지 않았네

재정을 투명하게 하고 맡길 사람에게 일을 맡기며
제사장들에게도 줄 것은 주었으니
주님의 일은 이렇게 하는 것이라
모든 것이 아름답게 이루어졌네

## 守道至终

耶何耶大死后,约阿施王听从众首领,离弃耶和华去事偶像。神之灵感动耶何耶大之子撒迦利亚,警戒他们。

信教遵训时,就行看为正,无师无依靠,便随首领言。
虽神遣先知,流血圣殿内,罚召亚兰来,不悔且仗金。
所信之道呢,非己然得着,非己然完全,跑尽当跑路。


## 끝까지 지켜야 할 길

여호야다가 죽자, 요아스 왕은 방백들의 말을 따라, 여호와를 떠나 우상을 섬기기 시작하였다. 하나님의 영이 여호야다의 아들 스가랴를 감동시켜 그들에게 경고하였다.

교훈을 믿고 따랐을 때는
행하는 일이 모두 옳았는데
여호야다가 죽고 의지할 사람이 없어지자
곧 방백들과 부화뇌동하게 되었네

하나님이 선지자를 보내셨으나
성전 뜰에서 피 흘리게 하였고
아람을 불러 징벌하시자
돌이키지는 않고 오히려 금에 의존하였네

믿음의 길이란 무엇인가
이미 얻었다 함도 아니요
이미 완전하게 되었다 함도 아니라
달려가야 할 길을 다 달려가는 것

## 主之审判

至耶户之曾孙耶罗波安,以色列迎接全盛期,领土扩大,经济繁荣,可是偶像崇拜与腐败亦日益深重。耶户王朝继续四代,乃因耶和华守旧约而容忍不速毁灭。

耶罗波安虽行恶,主忍终容国犹盛。
为何恶人此亨通?主守旧约与耶户。
宽容四代盼回转,骄心终究迷己途。
须察铭心尼尼微,真心回转主撤判。


## 하나님의 심판

북이스라엘은 예후의 증손자인 여로보암에 이르러 영토가 최대치에 이르고 경제도 번영하지만, 우상숭배와 부패는 더욱 극심해진다. 예후의 왕조는 하나님의 약속대로 바로 멸망하지 않고 사대까지 유지된다.

여로보암은 하나님 보시기에 악하였으나
주님은 끝까지 참으시고 나라를 강성하게 하셨네

어째서 악인이 이처럼 형통한가
주께서 예후에게 주셨던 옛 약속을 지키셨음이라
사대(四代)의 기간에 걸쳐 돌이킬 기회가 주어졌건만
교만해진 마음은 끝내 자신의 길을 고집하였네
니느웨의 일을 살펴서 명심할지니
진심으로 뉘우치고 돌이키면 정하신 심판도 없이 하시네

## 破局之开始

撒迦利雅为以色列王六个月,沙龙篡位仅月余,旋被米拿现所杀。亚述王普勒侵袭,米拿现纳一千他连得银,以色列遂为属国。此后以色列弑君篡位频仍,终致亡国。

篡立王位终不固,难逃弑杀反复起。
亚述压迫以色列,僭政献银乞强庇。
不知事大何终局?愈奉愈餮遂吞国,
空妄倚邦至亡道,惟赖真神图自强。


## 파국의 시작

스가랴가 이스라엘의 왕이 된 지 여섯 달 만에, 살룸이 찬탈로 왕이 되고 한 달을 다스리다 므나헴에게 죽임을 당한다. 므나헴은 앗수르 왕 불이 쳐들어오자, 은 천 달란트를 바치고 속국이 되었다. 그 후 이스라엘에서는 나라가 망할 때까지 시해와 찬탈이 계속된다.

찬탈로 세운 왕권
반복되는 반역과 시해 피할 수 없었네

앗수르가 침공하여 이스라엘을 압박하자
정통성 없는 왕조는 은을 바치며 비굴한 평화를 구하였네

사대(事大)의 마지막을 모르는가
섬길수록 게걸스러워지다 결국 나라까지 삼키니
헛되이 열방을 의지함은 멸망으로 이르는 길
오직 참되신 하나님을 의지하며 스스로 강해져야 하리

## 何必埃及吗

何细亚遣使往埃及王梭, 叛离亚述。及其九年, 亚述王攻陷撒马利亚, 掳掠以色列民入亚述。

扩张日久力困乏, 亚述威势稍减弱。
埃及伺隙欲联手, 昏君弃约换主君,
残酷之报因背盟, 北朝消名列国图。
九功一过人不容, 多过一归主接受, 何必走投埃及途?


## 하필 애굽인가

호세아가 애굽의 바로 소에게 사신을 보내고 앗수르를 배반하였다. 호세아 왕 제구년에 앗수르가 사마리아를 점령하고 백성을 사로잡아 끌고 갔다.

영토 확장이 지속되면서 피로감이 쌓인 걸까
앗수르의 위세도 주춤거리기 시작했네

애굽이 틈을 노려 연합을 모색하여

어리석은 왕이 약속을 버리고 주군을 바꾸었더니
배신의 대가로 잔혹한 보복이 뒤따라
북이스라엘은 열국의 명단에서 지워졌네

아홉 번 잘해도 한 번 못 하면 참지 못하는 것이 세상 이치
아무리 잘못해도 한번 돌이키면 받아 주시는 주님인데
하필 달려간 곳이 애굽이더란 말이냐

## 审判之标徵

自撒迦利雅王至何细亚王三十年间，亚述攻势渐强，然以色列不觉审判将临，六王更迭篡弑，蚕食国力。歌篾虽与何西阿成婚，仍行淫乱，耶和华命其子名曰耶斯列，罗路哈玛，罗阿米，以彰其对国之审判。

亚述攻势夺城际，连年篡弑乱国政，
百姓口称耶和华，仍在身献邱坛香。
与歌篾婚使其看，虽表妻子实淫妇，
起名儿女使其听，斧子置于树根上。


## 심판의 징표

스가랴 왕부터 호세아 왕까지 삼십 년 동안 앗수르의 공세가 날로 심해지는 가운데서도 이스라엘에서는 심판이 이르렀음을 깨닫지 못하고 여섯 왕이 찬탈을 거듭하며 국력을 갉아먹었다. 고멜은 호세아와 결혼한 뒤에도 음란한 삶을 계속하였고, 하나님은 호세아의 자녀에게 이스르엘, 로루하마, 로암미라는 이름을 주시어 이스라엘 심판의 징표를 삼으셨다.

앗수르가 공세를 더하여 성을 빼앗아 가는 중에도
거듭되는 찬탈과 시해로 국정은 마비되고
백성은 입으로 여호와를 부르면서
몸은 여전히 산당에서 분향하였더라

고멜과 결혼하여 보게 하였으니
겉으로는 아내였으나 실제로는 창녀였고
아이들 이름을 지어 듣게 하였으니
도끼가 이미 나무뿌리에 놓였음이라

求一兆头

亚兰王利汛与以色列王比加联兵攻耶路撒冷, 犹大王亚哈斯自称仆, 遣使乞援于亚述王提革拉毗列色。以王宫与圣殿之金银为贿, 以图自保。

两国联合围城市, 主谕休惊二柴焰, 乃王卑辞乞亚述。
以夷制夷终是妄, 辽仅燕雲金江北, 蒙古灭金吞全国。
求谁之助而靠谁? 不识独一能拯救? 向耶和华求兆头。


한 징조를 구하라

아람 왕 르신과 이스라엘 왕 베가가 연합하여 예루살렘을 공격하자 유다 왕 아하스는 스스로 신하라고 부르며 앗수르 왕 디글랏 빌레셀에게 사자를 보내 왕궁과 성전의 금은을 바치면서 도움을 구걸하였다.

두 나라가 연합하여 예루살렘을 공격하자
연기 나는 두 부지깽이 그루터기를 무서워 말라 하셨으나
오히려 앗수르를 향하여 구원을 구걸하였네

이이제이(以夷制夷)의 허망함이여
요(辽)는 연운 십육주만 취하였으나 금(金)은 북방 전체를 가져갔고
몽골의 힘을 빌렸더니 금을 멸하고 온 나라를 삼켜버렸네

누구의 도움을 구하며 누구를 의지하는가
오직 한 분만이 구원임을 모르느냐
여호와를 향하여 한 징조를 구하여야 하리

## 以为站时，须要谨慎

约阿施之子亚玛谢登基为犹大王，国力坚强，扩张至西拉。然与以色列王约阿施交战大败，国势由盛转衰。

承袭家声守信谱，勉遵勤修摩西律，国力坚定取西拉。
因福心骄志渐高。
贪欲招来更大战，约阿施作苦荆条。
自谓能立须谨慎，骄傲常为败坏先，攻心克己使我服。


## 섰다고 생각할 때 조심하라

요아스의 아들 아마샤가 유다 왕이 되고, 국력이 강성해져 세일까지 점령하였다. 그러나 이스라엘 왕 요아스에게 전쟁을 일으켰다가 대패하고 국운이 기울어지기 시작하였다.

집안 믿음의 전통을 따르며
모세의 율법을 따르려 노력하니
나라가 굳건해지고 셀라까지 취하였네

축복으로 마음이 붕 뜬 걸까

욕심으로 더 큰 전쟁을 일으키고
요아스가 아픈 회초리가 되었네

스스로 섰다 하는 이 조심해야 하리니
교만은 패망의 선봉이라
부단히 자신을 쳐서 복종하게 해야 하리

## 常求充满

何细亚第九年,亚述王攻取撒马利亚,从巴比伦,古他,亚瓦,哈马和西法瓦音迁移外族代替以色列人。

亚述掳迁以色列,异族据城祭丘坛,
兼畏主名奉己神,两心游移至今日。
鬼去复携七恶归,后况惨过往昔时。
常求充满因如此,心怀二意遭漏隙。


## 항상 충만함을 구하여야 함은

호세아 제구년에 앗수르가 사마리아를 점령하고, 바벨론과 구다와 아와와 하맛과 스발와임 사람을 옮겨다가 이스라엘 사람을 대신하였다.

이스라엘 사람은 앗수르에 끌려가고
이민족이 성을 차지하고 산당에서 제사를 드렸는데
여호와를 경외하면서도 자기 신을 모셨으니
양다리 걸침이 오늘까지 계속되네

더러운 귀신이 더 악한 일곱 귀신을 데리고 와
나중 상황이 처음보다 더 참담하였다

충만함을 항상 구하여야 함은 이러하니
두 마음을 품으면 어느새 작은 틈새가 뚫림이라

拉吉无用

亚玛谢遭背叛,逃遁拉吉。叛党遣杀,终丧其命。

馀生十五空苟且,结局逃奔拉吉城,虽城强大不救命。
愚人不悟竟如此?
民离长城终无用,神弃金汤岂有功?


## 라기스도 소용없었네

예루살렘에서 반역이 일어나자 아마샤는 라기스로 도망하였으나 반역한 무리가 사람을 보내어 그를 죽였다.

마지막 십오 년을 구차하게 살다가
결국 라기스로 도망하였는데
성은 크고 강력하였으나 목숨을 건져주진 못하였네

어리석은 사람들아, 깨닫지 못하느냐

민심이 돌아서면 만리장성이 소용없고
하나님이 버리시면 철옹성도 구해주지 못함을

4부

以信而行-以利亚与以利沙之生
믿음으로 사는 길—엘리야, 엘리사의 삶

以信言行

以利亚对亚哈传曰: 此数年, 必不降露、不下雨。其后依主言, 藏于约旦河东之基立溪。

拼命直说对亚哈, 吩咐乌鸦供饼肉。
凭信言行主开路, 常存二心逐现实。


믿음으로 말하고 행동하면

엘리야는 아합에게 앞으로 몇 년간 이슬도 비도 내리지 않을 것이라는 말씀을 전한 뒤, 주의 말씀에 의지하여 요단강 동쪽 그릿 시냇가에 숨어 지냈다.

목숨을 걸고 아합에게 말하였더니
까마귀에게 명하시어 떡과 고기를 공급하셨네
믿음으로 말하고 행동하면 살길을 주심에도
언제나 두 마음을 품고 현실을 따라가는구나

试炼之连续

基立溪涸行撒勒,新危临时赐新策。
连续考验终挺过,坚健灵筋备迦密。


시련의 연속

그릿 시내의 물이 떨어지자 사르밧으로 가게 하며
새로운 위기는 새로운 방법으로 해결해 주셨네
계속되는 시련을 버티고 살아낸 것이
근육을 단단하게 하여 갈멜산 싸움을 준비하는 과정이었네

到头了吗

以利亚寄居西顿撒勒法之寡妇家中，其子病重，身无气息。

面油未尽觉可过，忽来惨况覆微和。
母怨绝望神犹听，万事尽时复一求。


망해 버렸는가

엘리야가 시돈 사르밧 과부의 집에 머물던 중, 그녀 아들의 병이 심히 위중하다가 숨이 끊어졌다.

밀가루와 기름이 없어지지 않아 살만하다 생각하였는데
더 큰 비극이 작은 행복을 덮어 버렸네
어머니는 원망하며 포기했으나 하나님은 기도를 들으셨으니
모두 끝나버렸다 할 때 한 번 더 구해볼 일이다

## 真实之祈祷

巴力的先知们, 踊跳于祭坛四围, 大声求告, 用刀枪自割, 自刺, 直到身体流血。

大声呼告未应声, 刀枪自伤徒无功。
切合神意祷则应, 吵嚷易闻笑可资。


## 진실한 기도

바알의 선지자들이 제단 주위에서 뛰놀며 큰 소리로 부르고 피가 흐르기까지 칼과 창으로 그들의 몸을 상하게 하더라

큰 소리로 부르짖어도 대답이 없고
칼과 창으로 몸을 상하게 해도 소용이 없네
간절함이 하나님의 뜻에 합하면 응답인 것을
야단법석 피우면 잘 들으리라 생각함이 우습지 아니한가

## 在此何为

以利亚到了何烈山, 站于洞口, 闻神之声音。

耶和华前站山上, 地震风火非其中。
微声之中神存在, 语尔何事遂回去。
背感落望欲死时, 忍耐待望微声音。
留有七千未屈膝, 自野赴世行使命。


## 여기서 무엇 하고 있느냐

엘리야가 호렙산에 이르러, 동굴을 나와 하나님의 음성을 들었다.

산 위에서 여호와 앞에 섰는데
바람과 지진 불 어디에도 계시지 않았고
그 뒤 세미한 음성 가운데 나타나시어
무엇 하고 있느냐 여기서 돌이키라 하셨네

배신감과 낙망으로 죽고 싶은 생각만 들 때엔

인내하며 세미한 음성을 기다려야 하리니
아직 무릎 꿇지 않은 칠천 명을 남기셨고
광야에서 세상으로 돌아가 해야 할 일이 있음이라

独面神

因迦密山事, 耶洗别索命, 以利亚奔至旷野之罗腾树。

赫胜却期末, 气尽垂死期。
饼水赐苏命, 绝望倚罗腾。


홀로 하나님을 만나는 시간

갈멜산의 일로 이세벨이 목숨을 뺏으려 혈안이 되자, 엘리야는 광야로 도망하여 어느 로뎀나무 아래 이르렀다.

빛나는 승리에도 기대하던 일은 일어나지 않았네
기진하여 쓰러져 죽게 되었는데
떡과 물을 주시어 회복시키시니
되는 일이 하나도 없다 싶으면 로뎀나무 아래로 가 보아야 하리

## 十二对牛

以利亚遇见以利沙, 前头有十二对牛, 自己赶着第十二对。

十二对牛田里耕, 以利亚扔落其袍。
上帝召人如此行, 忠于己务待天呼。


## 열두 겨릿소

엘리야가 엘리사를 만나니, 열두 겨릿소를 앞세우고 밭을 가는데 자기는 열두째 겨릿소와 함께 있더라.

열두 겨릿소로 밭을 갈고 있을 때
엘리야는 그에게 겉옷을 던졌네
하나님은 이런 사람을 찾으시니
주어진 일에 충성을 다하면서 부르심을 기다려야 하리

## 所求难得

过约旦河后, 以利亚问以利沙: 我可为你何为?

田间耕种听主召, 岂因信微难荷命? 谦卑恳求增灵感。
虽愿灵感加其倍, 此非由师所能得, 见乘旋风主成就。
人生之中有求难, 亦莫灰心莫弃志, 所求所思皆满盈。


## 어려운 일을 구하는도다

요단강을 건너매 엘리야가 엘리사에게 물었다. "내가 네게 어떻게 할지를 구하라"

밭을 가는 중에 부르심을 받았는데
사명을 감당할 자신이 없었던 걸까
겸허한 마음으로 갑절의 성령 역사를 간구하였네

성령의 역사를 갑절로 구하여도
그것은 스승이 줄 수 있는 것이 아니지만
회오리바람으로 올라감을 보면 주께서 이루시리

인생 살면서 어려운 일 구할 때 있으나
낙망해도 안되고 포기해도 안되는 것은
구하거나 생각하는 모든 것에 넘치도록 하심이라

## 须听女仆

亚兰元帅乃缦, 患了大麻疯。以色列所掳一婢女说:
"若我主去见撒马利亚的先知, 必能得医治。"

虽尊贵者又勇士, 无奈随意己身病, 只须听从小女仆。
力大知多尽夸耀, 天俯视之沧海粟, 天钟算作蜉蝣生。


## 계집종의 말을 따라야 하다

아람의 군대 장관 나아만은 나병을 앓고 있었는데, 이스라엘에서 잡아온 계집종이 "우리 주인이 사마리아에 계신 선지자를 만나면 병이 나을 것입니다" 말하였다.

존귀한 자요 큰 용사였으나
몸의 병 하나를 마음대로 할 수 없어
작은 계집종의 말을 듣고 따라야 하였네

힘세고 아는 것 많다고 아무리 자랑질해도
하늘에서 내려다보면 넓은 바다의 좁쌀이요
하나님의 시계로 세면 하루살이 삶이더라

# 一把盐

耶利哥城人对以利沙曰:"此城地势美好,惟水恶劣,土产不熟而落。

约旦河尾死海头,地美水苦难生熟。
认定主能求恩惠,洒一把盐生命溢。


# 한 움큼의 소금

여리고성 사람들이 엘리사에게 "이 성읍의 위치는 좋으나 물이 나쁘므로 토산이 익지 못하고 떨어집니다"라며 하소연하였다.

요단강이 끝나고 사해가 시작되는 곳
땅은 아름다우나 물이 써 토산이 익지 못하였네
하나님의 능력을 인정하고 은혜를 구하였더니
한 움큼 소금을 뿌려 생명 넘치는 곳으로 변하였네

### 器皿都满了

以利沙的一门徒死了，遗下欠债。债主来，要取他二子为奴。

丈夫忽逝债犹存，两子将为奴仆身，
借器依言多取备，倾油按命满盈盆。
按备器皿主充溢，觉生漠漠无望时，
不疑应答求恩惠，要实今天待明天。


### 그릇에 다 찬지라

엘리사의 제자 한 사람이 빚을 갚지 못한 채 죽자, 빚 준 사람이 두 아이를 데려가 종을 삼으려 하였다.

남편이 죽고 빚은 많아
두 아들이 종이 될 상황인데
그릇을 빌리라는 말씀을 듣고 그대로 따라
기름을 부었더니 모두 가득 차게 되었네

준비한 그릇에 따라 주께서 충만하게 채워주시니
사는 것 자체가 막막하고 희망이 없는 것 같을 때
응답을 의심치 말고 은혜를 구하며
오늘을 충실하게 살면서 내일을 기다려야 하리

### 书念之妇人其一

以利沙常经过书念, 有一尊重神人的妇人, 为他在墙上建一小楼, 使其经过时可住。她无儿, 丈夫已老。

书念人虽多, 只有一妇人, 认识神之人。
常谢与众乐, 广施不觉乏, 主赐未曾梦。



### 수넴 여인 제일수

엘리사는 종종 수넴을 지나다녔는데 하나님의 사람을 존경하는 한 귀부인이 담 위에 작은 방을 만들고 지날 때마다 머물 수 있게 하였다. 그녀는 아들이 없었는데 남편은 이미 늙었었다.

수넴에도 사람이야 많이 살았겠지만
유독 한 여인이
하나님의 사람을 알아보았네

백성과 더불어 사는 것에 늘 감사하며

넉넉히 베풀면서 부족함을 모르고 살았는데
꿈도 꾸지 못했던 일, 주께서 이루어주셨네

## 书念之妇人其二

她晚年得子，一日呼头痛，不久便死。妇人备驴，直往迦密山见以利沙。

塞翁之马是，人生之常事，幸福化不幸，反对也随时。
悲伤心如割，抑制感情起，每次遭到人，问候说平安。

## 수넴 여인 제이수

늘그막에 얻은 아들이 두통을 호소하더니 죽고 말았다. 부인은 바로 나귀를 준비하여 엘리사를 만나러 갈멜산으로 길을 떠났다.

새옹지마
인생사 항상 있는 일
행복이 불행을 낳고
불행도 돌아 행복이 된다

슬픔이 지나쳐 마음이 찢어지면서도

그녀는 감정의 북받침을 억제하며
만나는 사람마다
평안이라고 인사하네

## 书念之妇人其三

以利沙屋内来往, 再伏其身, 孩子遂睁开眼。

能力之杖也无用, 盖身祈祷息未还。
虽急而切即成几? 待后再求才赐命。


### 수넴 여인 제삼수

엘리사가 집 안에서 이리 저리 다니다, 다시 아이 위에 엎드리니, 곧 눈을 뜨는지라

능력의 지팡이도 소용없었고
몸을 덮고 기도했으나 숨은 돌아오지 않았네
아무리 급하고 절실해도 바로 이루어짐이 몇이나 되랴
왔다 갔다 한 뒤 다시 구하니 비로소 생명을 돌려주셨네

野瓜

以利沙至吉甲,时地正值饥荒。

饥荒极深人皆饥,汤中误投野瓜片,毒性极深须丢弃。
无心吐出一句话,可变刃锋砍心肠。
不如成粉撒锅中。



들 호박

엘리사가 길갈에 이르렀더니, 그 땅에 흉년이 들었던 때라.

기근이 심하게 들어 모두 굶주리던 차에
국을 끓이며 들 호박을 썰어 넣었더니
독성이 극심하여 전부 버려야 하게 되었네

무심코 내뱉은 한마디 말
누군가에게 칼날이 되어 심장을 벨 수도 있을 텐데

차라리 솥 안에 뿌려지는 한 줌 가루가 되어야 하리

## 借来的斧子

以利沙门徒至约旦河, 欲建屋居而伐木。

砍木失斧坠江中, 无本少薪难堪困, 主用奇法使还原。
喜欢祈祷有条理, 习惯期待妥予答, 生中无域不属神。


## 빌려온 도끼

엘리사의 제자들이 요단강에 이르러, 거주할 집을 짓기 위해 나무를 베기 시작하였다.

나무를 베다 물에 도끼를 빠뜨리고 말았네
밑천도 없고 벌이도 시원치 않아 감당키 어려운 사고였으나
주님은 생각지 못한 방법으로 찾아서 돌려주셨네

합리적인 기도를 좋아하고
내가 이해할 만한 응답을 바라는 것에 익숙하지만
삶 가운데 하나님께 속하지 않는 영역이 어디 있으랴

### 使能看见

亚兰王遣军至多坍捉以利沙,神以火车火马环绕保护。

神人已见仆未明,将至能见至则盲。
不住祷告为此事,当见之物当时见。



### 볼 수 있게 하소서

아람 왕이 군대를 도단으로 보내어 엘리사를 사로잡고자 하였으나, 하나님은 불 말과 불 병거로 둘러싸고 보호하셨다.

하나님의 사람은 보았으나 소년은 보지 못하였고
찾아올 때는 보았으나 도착하여 눈이 멀었네
쉬지 말고 기도해야 함이 이 때문이니
보아야 할 것을 보고 보아야 할 때 보기 위함이라

### 主爱我的理由

亚兰军兵眼目昏迷,被以利沙引入撒马利亚城中。

决定胜机临眼前,兴奋呼叫可击杀,敌在掌中命如芥。
主却另开和平路,乃设筵席使归家,亚兰从此不来战。
非因我配主爱我,乃因我罪需得怜,借我为道爱流人。


### 주께서 나를 사랑하신 이유

아람 군대는 모두 눈이 어두워져, 엘리사의 인도로 사마리아 성안으로 들어갔다.

결정적인 승리의 순간이 눈앞에 다가오자
왕은 흥분하여 부르짖었네, 내가 치리이까
손바닥 안의 적군, 목숨이 풀잎 신세였네
주께서는 다른 방법으로 평화를 이루시니
떡과 물을 주어 먹게 하여 집으로 돌려보내었고
이후에 아람이 다시 전쟁을 걸어오지 않았네

주께서 나를 사랑하심은 자격이 있어서가 아니요
죄악 때문에 나에게 사랑이 필요하였음이니
나를 통해 사랑이 다른 이에게 흐르기 원하심이라

## 正好时

妇人遵以利沙之言,携全家往非利士地居七年,饥荒既终,归而哀告王以求房田。其时,基哈西向王述以利沙曾如何使其子复活。

预示饥荒备生途,归来哀告正好间,仆诉其子已复然。
交托主恩而靠他,就必成全历此事。
导恩奥妙不可测。


## 마침 그때

부인이 엘리사의 말을 듣고, 가족과 함께 블레셋으로 가서 칠 년을 지내다가, 기근이 끝나자 돌아와 자기 집과 전토를 위하여 왕에게 나아갔다. 이때 마침 게하시가 왕에게 엘리사가 그녀의 아들을 살린 일을 이야기하고 있었다.

기근 일어남을 미리 알려 주시어 살길을 찾게 하시더니
돌아와 내 재산을 위하여 호소할 때, 때마침
게하시가 그녀의 자식이 살아난 이야기를 하고 있었네

네 길을 여호와께 맡기고 그를 의지하면

그가 이루시리니 네가 이와 같은 일을 경험하게 되리라

인도하시는 은혜가 오묘하여 측량할 수 없도다

### 以色列之战车马兵啊

以利沙患必死之病,以色列王约阿施下来看他,哭曰:
"以色列的战车马兵啊!"

被招六十年,经历五王朝,跋涉险光阴。
外忧无断绝,偶像致内患,赖其国基存。
吼叫的狮子,遍寻可吞人。
谨守且儆醒,立于所命处,战车乃马兵。



### 이스라엘의 병거와 마병이여

엘리사가 죽을 병에 걸리자, 이스라엘 왕 여호아하스가 문병을 와서 "이스라엘의 병거와 마병이여"라고 하며 목 놓아 울었다.

부름을 받고 나서 육십 년
다섯 임금을 거치며
험난한 세월을 헤쳐 나왔네
외침의 우려가 그치지 않는 가운데

우상의 내환은 날로 심해졌으나
그가 있어 나라의 근간을 유지할 수 있었네

우는 사자가
두루 다니며 삼킬 자를 찾으니
근신하고 깨어 있어서
내가 서 있는 곳 어디에서나
병거와 마병이 되어야 하리

以信而行 믿음의 길

초판 1쇄 발행 | 2025년 10월 20일

지은이 | 류　인
편집인 | 이용헌
펴낸이 | 윤용철
펴낸곳 | 소울앤북
주　소 | 경기도 파주시 회동길 325-22, 3층
편집실 | 서울특별시 중구 을지로14길 8, 618호
전　화 | 02-2265-2950
이메일 | poemnpoem@gmail.com
등　록 | 2014년 3월 7일 제4006-2014-000088

ⓒ 류인, 2025

ISBN  979-11-91697-19-3  03820

\* 이 책의 판권은 지은이와 소울앤북에 있으며 무단 전재를 금합니다.
\* 잘못된 책은 교환해 드립니다.